Aspern

Bildnachweis: Bildarchiv der Österreichischen Nationalbibliothek

Mehr Infos zur Reihe »Wien in alten Fotografien«
finden Sie unter: www.ueberreuter.at

ISBN 978-3-8000-7462-4

Redaktion: Carola Leitner und Kurt Hamtil
Gestaltung: Kurt Hamtil, Verlagsbüro Wien
Coverfotos: Bildarchiv der Österreichischen Nationalbibliothek

Druck: Druckerei Theiss GmbH, A-9431 St. Stefan i. Lav.
7 6 5 4 3 2 1

Ueberreuter im Internet: www.ueberreuter.at

WIEN IN ALTEN FOTOGRAFIEN

Sisi und ihre Zeit

UEBERREUTER

Sisi und ihre Zeit

Am 10. September des Jahres 1898 schockierte die Nachricht der Ermordung von Kaiserin Elisabeth von Österreich (1837–1898), auch Sisi genannt, ganz Europa. Die schöne, extravagante Frau fand den Tod durch den italienische Anarchist Luigi Lucheni, der ihr eine von ihm selbst zugespitzte Feile ins Herz stieß. Da die Wunde so klein war, blieb sie zunächst unbemerkt, man dachte, der Mann hätte der Kaiserin einen Faustst0ß versetzt. Ein tragischer Umstand. Begleitet von der ungarischen Hofdame Irma Sztáray begab sich Sisi noch an Bord des Schiffes, das sie nach Caux bringen sollte – erst dort brach sie zusammen und wurde hernach zurück ins Hotel Beau-Rivage gebracht, wo sie verstarb. Mit der Ermordung Kaiserin Elisabeths war der Grundstock ihrer Verehrung gelegt. Zu Lebzeiten war sie nicht die beliebte und umjubelte Kaiserin. Sie zog sich sehr früh aus ihren Verpflichtungen zurück und zeigte sich nur selten bei offiziellen Anlässen. Diese Abgeschiedenheit erklärte man sich durch den angegriffenen Zustand der Regentin.
Der Gemahl Elisabeths, Kaiser Franz Joseph, hingegen nahm hierbei eine weitaus wichtigere Rolle ein. Er war der „gute alte Kaiser", der sich beim Volk großer Beliebtheit erfreute. Dies zeigte sich vor allem beim Tod Sisis – das öffentliche Mitgefühl galt dem trauernden Ehemann. Franz Joseph soll bei der Überbringung der Todesnachricht zum Flügeladjutanten Graf Paar gesagt haben: „Sie wissen nicht, wie ich diese Frau geliebt habe."
Nach ihrem Tod brachte man der Kaiserin mehr Aufmerksamkeit entgegen als zu Lebzeiten. Eine schöne, tragisch zu Tode gekommene Regentin ließ sich hervorragend vermarkten. Rasch wurden Gedenkbilder gedruckt, Münzen und andere Memorabilia unters Volk gebracht. Interessant hierbei ist der Umstand, dass aufgrund der fehlenden authentischen Vorlage ein Bild der Kaiserin mittels Fotomontage und Retouche erfunden wurde, das es real nicht gegeben hatte. Vieles im Leben der Kaiserin Elisabeth war anders, als die Legenden erzählen. Sisi kam nach dem tränenreichen Abschied in Bayern verängstigt in Wien an und war mit dem Zeremoniell überfordert. Dem Volk wurde ein erschöpftes und ängstliches junges Mädchen präsentiert anstatt der erwarteten strahlenden Braut. Dieses Unwohlsein wird Sisi am Hofe und bei offiziellen Anlässen zeitlebens begleiten. Freude empfindet die Kaiserin zu Pferde oder bei ihren ausgedehnten Wanderungen, die nicht nur bei ihren Hofdamen gefürchtet sind.
Dieser Band zeigt Aufnahmen von Sisi, der kaiserlichen Familie und der Wiener Stadt.

Vorvorherige Doppelseite

Eröffnung der Kaiser-Jubiläumsausstellung im Prater: Kaiser Franz Joseph I. fährt à la Daumont über Heldenplatz-Ringstraße-Aspernbrücke-Praterstern und Hauptallee zur Rotunde.

Vorige Seite

Kaiserin Elisabeth, Fotographie.

Linke Seite

Kaiserin Elisabeth zu Pferde; Stahlstich von Th. L. Alkinson, um 1880.

Seite 8

„Die Allerhöchste Kaiserfamilie", 1859. Es ist das einzige Foto, auf dem Sisi gemeinsam mit ihren Kindern und Familie zu sehen ist. Darstellungen der kaiserlichen Familie sind zumeist Fotomontagen.

Seite 11

Franz Joseph I., Kaiser von Österreich, mit Elisabeth, an deren Hand Erzherzogin Sophie, in der Wiege Erzherzogin Gisela. Lithografie von Franz Emphinger, 1856.
Die Mutter Kaiser Franz Josephs, Erzherzogin Sophie, sieht den Platz Elisabeths an der Seite ihres Mannes, des Kaisers. Sisi jedoch will lieber Mutter ihrer Kinder sein. Zeitlebens kämpfen die beiden Frauen gegeneinander an. Franz Joseph steht unvereinbar in der Mitte und ergreift nicht Partei, was ihm das Unverständnis und den Groll Elisabeths einbringt.

Rechte Seite
Ansicht der Spinnerin am Kreuz: 18. Jahrhundert mit einer Kutsche der k.k. Eilpost.

Seite 12

Kaiser Franz Joseph mit Kronprinz Rudolf und Erzherzogin Gisela, 1861. Der Kaiser hat seine Kinder nicht oft gesehen, Pflichterfüllung war ihm oberste Pflicht. Die Schönheiten des Familienlebens lernte er erst spät kennen. Seinen Enkeln war er aufs Liebevollste zugetan.

Rechte Seite

Kaiserin Elisabeth, Fotographie von Ludwig Angerer um 1860.
Sisi war stes besorgt um ihre makellose Figur und trieb viel Sport. Einige Geschichten umranken die Essgewohnheiten der Kaiserin. So geht die Mär, sie habe sich ausschließlich von rohem Fleischsaft ernährt. Sisi war guter Konditorkunst nicht abgeneigt, eine ihrer Lieblingssüßspeisen war Veilcheneis.

Seite 15

Das Kaiserehepaar.

Rechte Seite

Kinderbildnis des Kronprinzen Rudolf von Österreich, 1863. Die Erziehung des Kindes oblag dem Grafen Gondrecourt, der Rudolf ohne jegliche pädogische Rücksicht strengsten erzieherischen Maßnahmen unterwarf. So wurde das Kind zur Abhärtung durch nächtliche Pistolenschüsse geweckt, Kaltwasserkuren und stundenlanges Exerzieren bei jedem Wetter standen am Programm. Elisabeth, die die ersten Lebensjahre Rudolfs zumeist auf Reisen war, war ahnungslos, griff aber später umso energischer ein und stellte Franz Joseph ein Ultimatum, in dem sie jegliche Erziehungsgewalt über ihre Kinder einforderte – und erhielt.

Seite 16

Sisi sitzend in der Mitte mit Mandoline, umgeben von drei Hofdamen: links Lilly Gräfin Hunyady, rechts Mathilde Gräfin Windischgrätz, vorne sitzend mit Hund Helene Prinzessin von Thurn und Taxis, 1861.

Elisabeth am Fenster des Ateliers Albert in München, 1865.

Rechte Seite

Der Kaiser in Zivil, anlässlich seines Besuches am französischen Kaiserhof, 1867.

Seite 18

Krönungsbild im Krönungsbildzimmer in der Budapester Burg: „Kaiser Franz Joseph und Kaiserin Elisabeth nach der Krönung 1867."

Rechte Seite

Porträt, 1870.

Gegen jede Etikette rief im Jahre 1873 der Schah von Persien beim Anblick von Sisi aus: „Wie schön sie ist!" Auf diese Schönheit legte die Kaiserin großen Wert. Sie galt als eine der schönsten Frauen ihrer Zeit und war sich dieses Status durchaus bewusst. Das damalige Frauenbild bevorzugte leicht rundliche Figuren wie die von Katharina Schratt oder Mary Vetsera.

Eine Maifahrt im P

schwer — von Elena zu scheiden! Und doch mußte es sein, er durfte nicht wagen, ihr von seiner Liebe zu sprechen, wo er so gar nichts ihr zu bieten vermochte. Sie hatte ein ansehnliches Vermögen zu erwarten, er wußte es; würden ihre Eltern ihm nicht vorwerfen, daß er sich heimlich in eigennütziger Absicht um die Tochter beworben? Schweren Herzens entschloß er sich, nur ein flüchtiges, schriftliches Lebewohl Elena's Tante zuzusenden — er war jung und er hoffte! Geschahen nicht oft seltsamere Dinge im Leben, als daß Zwei, die sich liebten, trotz aller Hindernisse sich fanden?

So ungefähr erzählte Leonid dem aufhorchenden Mädchen, während sie langsam den Waldpfad verfolgten.

„Ja, Elena Borissowna," fuhr er nach kurzem Schweigen fort, „ich bin arm!" Er lüftete wieder die Jagdmütze, deren Rand einen rothen Streif auf die Stirn gezeichnet hatte, und versuchte mit dem Finger die Falte zwischen den Augenbrauen zu glätten. Aber sie wich nicht. Er that einen tiefen Athemzug und warf einen forschenden Blick auf seine Begleiterin; ihr feines Gesicht, halb vom Schleier beschattet, erschien noch zarter und kindlicher. „Erschreckt Sie das Wort nicht? Ich bin wirklich ganz arm!" Sie schüttelte leise den Kopf.

„Ich verstehe Sie nicht, Leonid Maximowitsch. Warum

1872: Maifest „Blumenkorso" im Wiener Prater. Kaiser Franz Joseph I. zu Pferd neben Kaiserin Elisabeth im Wagen. Xylografie nach Zeichnung von Franz Kollarž.

ichnung von F. Kollarz. (S. 7.)

grob und unverschämt. Die Tschinownik's in den Bureaux und den Schreibstuben mißfielen mir vollends. Der Eine gibt dem Anderen einen Fußtritt, um vorwärts zu kommen, ihre Augen sind nur nach einem einträglichen Amt, einem Orden gerichtet und bis sie Beides erreichen, sind sie die Kammerdiener der Excellenzen. Ich dachte oft, wenn ich Zeuge war, wie die besten Kräfte geopfert wurden, um schließlich Polizeimeister, Vicepräsident, Schulinspektor in einem Winkel des Reiches zu werden, daß alle die Stellenjäger klüger thäten, sich ein paar Dessiätinen Land zu kaufen und sie eigenhändig zu bebauen. In unserem Rußland ist die Erde dankbar, sie wartet darauf, daß der Mensch sie sich nutzbar macht."

„Und bei solchen Ansichten sind Sie unzufrieden? Unglücklich fast, nach dieser Falte zu schließen, die ich vor einigen Monaten nicht an Ihnen gekannt?" Sie deutete mit dem Zeigefinger auf seine Stirn.

„Beurtheilen Sie mich nicht falsch, Elena," rief Leonid eifrig, „ich gehöre wahrlich nicht zu den sonderbaren Herren, wie sie in Romanen geschildert werden, die ein eingebildetes Unglück bejammern. Auf mir lastet nur eine Sorge, aber sie quält mich unablässig; im Schlaf fühle ich sie wie einen bösen Alp, ich esse, ich trinke sie mit.

Seite 22

Der Amalientrakt in der Wiener Hofburg: Toilettezimmer im Appartement der Kaiserin Elisabeth, 1920.

Rechte Seite

Jugendbildnis Kronprinz Rudolfs im Reitanzug zu Pferd, 1876.
Nach den anfänglichen Torturen seiner streng militärischen Erziehung stellte Elisabeth ihren Sohn Rudolf unter die Obhut Graf Latours. Dieser avancierte zu einer Art „Vaterersatz“ und blieb Rudolf zeitlebens freundschaftlich verbunden.

Seite 24

Standtansicht um die Jahrhundertwende:
Innenstadt, Parkring Nummer 12: „Blumensäle“ der k. k. Gartenbaugesellschaft (1864 eröffnet), 1900.

Rechte Seite
In der Hofburg:
Amalienburg, Mezzanin: Toilettezimmer im Elisabeth-Appartement (Raum 223); Blick entlang der Enfilade gegen den großen Salon, um 1943.

Im Schloss Schönbrunn, Hauptgeschoss: Blick ins gemeinsame Schlafzimmer von Kaiser Franz Joseph und Kaiserin Elisabeth (Raum 44), 1930.

Seite 27

Der ungarische Graf Gyula Andrássy, 1885 – ihm vertraute das Kaiserpaar.

Marie Freiin Vetsera: stehend, halb links; vor sich in den Händen ein Körbchen mit Blumen.

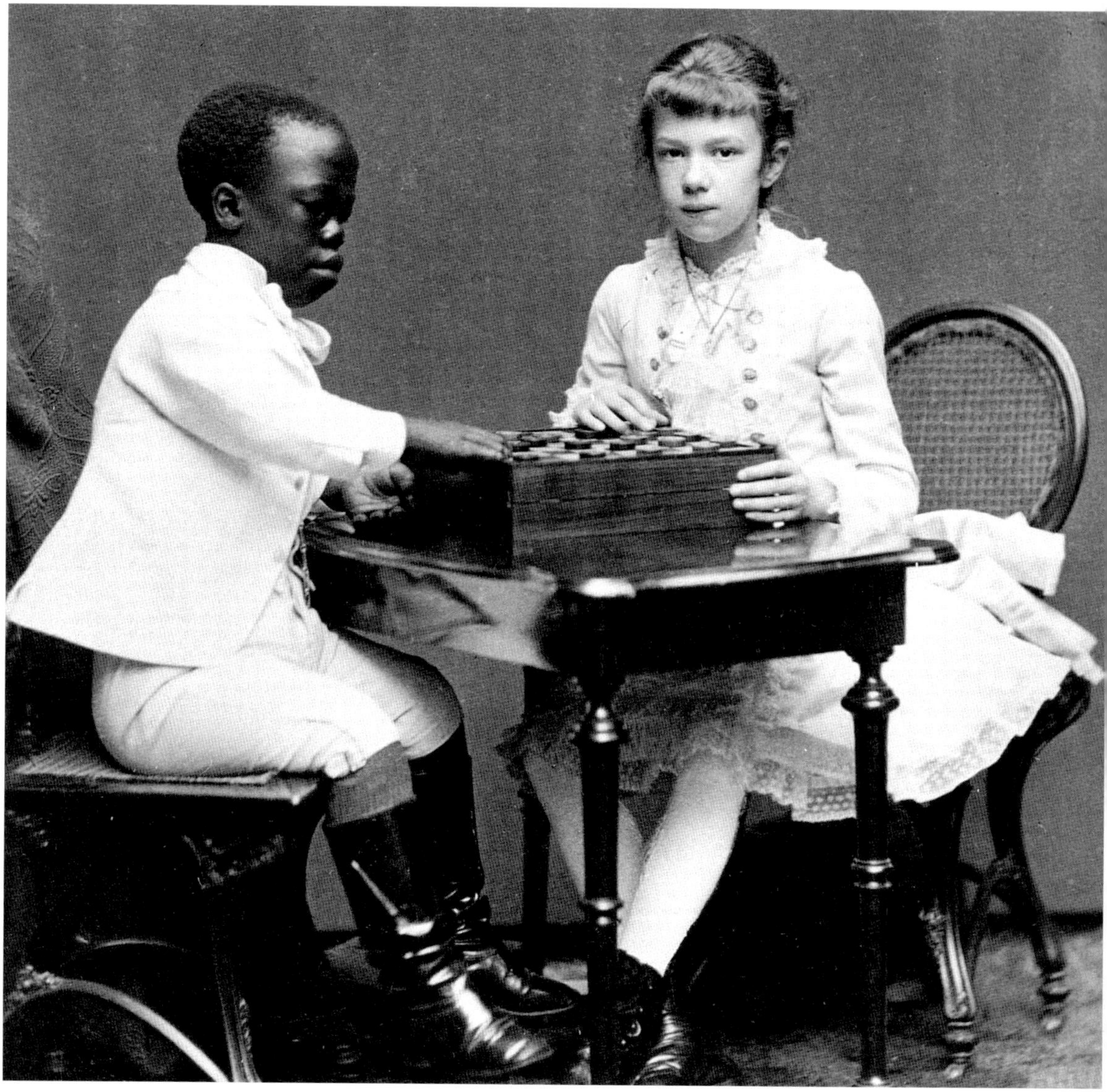

Seite 28

Jungmädchenbildnis von Marie Valerie, „mit dem Mohren der Kaiserin Elisabeth" bei einem Brettspiel. Marie Valerie ist das jüngste Kind des Kaiserpaares; bei dieser Tochter übernimmt Elisabeth die Mutterrolle und will alles nachholen, was sie bei ihren anderen Kindern versäumt hat. Dies bringt der Jüngsten den Beinamen „die Einzige" ein.

Rechte Seite
Kronprinz Rudolf: Die letzte Aufnahme des Thronfolgers, der er nie sein wollte, 1888.
Das „Kreiperl", so hat der Vater den sensiblen Rudolf genannt, hat sich zu einem stattlichen Mann entwickelt.

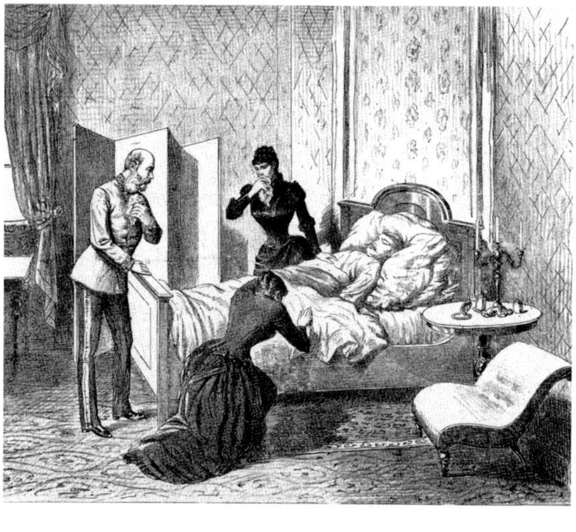

Seite 31

Aufbahrung Kronprinz Rudolfs, 31. Jänner 1889.
Zur Familie hatte Rudolf nicht das beste Verhältnis, den Lebensstil der Mutter verurteilte er, um des Vaters Anerkennung kämpfte er lange und vergeblich. Seine Ehe mit Stephanie von Belgien war nach einigen Jahren zerrüttet. Am 30. Jänner erschießt sich der Kronprinz mit seiner letzten Geliebten, der erst 17 Jahre alten Mary Vetsera, im Jagdschloss Mayerling.

Gratisbeilage des „Wiener Tagblatt": „Die kaiserliche Familie bei dem todten Kronprinzen", 1889.

Seite 33

Katharina Schratt in „Schach dem König" von Hippolyt Schauffert. Sie war Franz Josephs Vertraute. Vorgestellt hatte sie einander Elisabeth selbst, die ihren Mann in guten Händen wusste und sich – indem sie ihrem Gemahl eine Vertraute zur Seite stellte – selbst ein Stück Freiheit erkämpfte.

Rechte Seite

„The English roses": Varietétänzerinnen, 1890.

Kaiser Franz Joseph I. mit seinen Enkeln, den Kindern der Erzherzogin Marie Valerie, Franz Karl, Hubert Salvator und Elisabeth, 1894. Wenn die Enkel in Wien zu Besuch waren, durften sie sogar in Anwesenheit des Opas im Arbeitszimmer spielen. Franz Joseph, der nach dem Tod Elisabeths schweigsam und gedrückt war, lebte im Beisein seiner Enkel sichtbar auf.

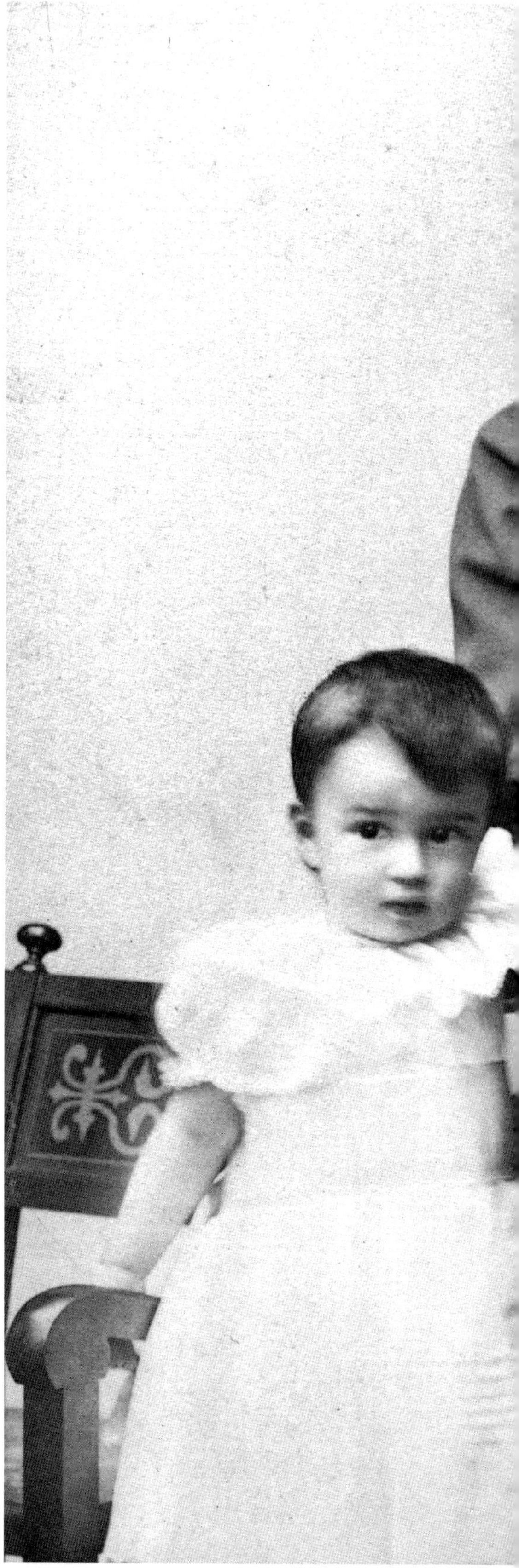

Seite 36

Albrecht, Herzog von Württemberg: Bildnis anlässlich seiner Vermählung mit Erzherzogin Margarete von Österreich.

Rechte Seite

Lerchenfeldergürtel 57 in Ottakring: Filiale des k. k. Militär-Invalidenhauses, 1895.

Eröffnung der Kaiser-Jubiläumsausstellung im Prater: Kaiser Franz Joseph I. fährt à la Daumont über Heldenplatz-Ringstraße-Aspernbrücke-Praterstern und Hauptallee zur Rotunde. Menschenmenge auf der Aspernbrücke nach Auflösung der Spaliers.

Aspern

Seite 39

Ein Bildnis Elisabeths nach einer Aufnahme von Ludwig Angerer, Wien 1898.
Besonderes Augenmerk wurde der Haarpflege zuteil, das tägliche Bürsten nahm zwei bis drei Stunden in Anspruch. Jedes „verlorene“ Haar wurde von Sisi vorwurfsvoll beäugt. Die ausgegangenen Haare wurden ihr auf einer silbernen Schüssel gezeigt. Der einzige Makel schien in den Augen der Kaiserin in ihrem Gebiss zu liegen. Sie öffnete beim Sprechen deshalb kaum den Mund.

Rechte Seite
Theresianum – Park: Neun Zöglinge in geschlossener Reihe auf Fahrrädern der k. k. Theresianischen Akademie, 1898.

Seite 40

Abschied von Elisabeth: Sarg und Leichenwagen vor dem Hotel Beau Rivage in Genf.

Seite 42

Der Attentäter: Der lächelnde Luigi Lucheni (1873–1910) wird abgeführt.

Rechte Seite

17. September 1898 – das Leichenbegängnis der Kaiserin Elisabeth. Der Trauerzug passiert die Augustinerstraße beim Lobkowitzplatz.

Am Kahlenberg: die Kaiserin-Elisabeth-Ruhe in einer Frontalansicht, um 1937.

KAISERIN
ELISABETH-RVHE

Der Pavillon der k.k. Polizeidirektion: Jubiläumsausstellung 1898.

SCHUL-ZIMMER

Der Pavillon der k.k. Polizeidirektion: Jubiläumsausstellung 1898.
Die unterschiedlichen Polizeifotos weisen auf die Schwierigkeit der Identifizierung von Verbrechern hin.

Seite 47

Interessierte Schaulustige bei der Wachablöse in der Wiener Hofburg, 1898.

Nachfolgende Doppelseite

Straßenfront, Gartenfront und Bettina-Stiftungs-Pavillon auf einer Ansichtskarte um 1900.

Bettina-Pavillon.

K. K. KAISERIN-ELISABETHSPITAL

Seite 50

Die blutjunge Sisi.

Rechte Seite

Die letzte Fotografie der Kaiserin Elisabeth von Österreich vor ihrem Tod, aufgenommen am 3. September 1898 in Territet in Begleitung von Gräfin Irma Sztáray. Sieben Tage später wurde Elisabeth Opfer des Attentäters Lucheni.

„Nun ist es gekommen, wie sie es immer wünschte, rasch, schmerzlos, ohne ärztliche Beratung, ohne lange, bange Sorgentage für die Ihren!“ Diese Zeilen schrieb Marie Valerie in ihr Tagebuch.

ASSERIE
BILLARD
CAFE
CONCERT

Seite 53

Schlafzimmer mit Prunkbett der Kaiserin Elisabeth in der Hermesvilla.

Rechte Seite
Die Hauptfront der Hermesvilla, um 1900. Die Villa, im Lainzer Tiergarten gelegen, war ein Geschenk von Franz Joseph an seine geliebte Frau. So hoffte er, seine Sisi mehr an Wien binden zu können. In der von Carl Hasenauer 1883 fertiggestellten Villa fand Elisabeth Zuflucht. Das kaiserliche Ehepaar hatte sich entfremdet und Sisi flüchtete immer öfter aus Wien, um sich den vom Hof auferlegten traditionellen Pflichten zu entziehen.

Seite 54

Kaiser Franz Joseph bei der Jagd, 1900. Es heißt, dass man dem Kaiser das Wild vor die Flinte trieb. Dies verwies der Leibkammerdiener Eugen Ketterl ins Reich der Legenden. Franz Joseph war kein Trophäenjäger, sondern ein echter Waidmann. Die Jagd war eine der wenigen privaten Vergnügungen, die sich der Kaiser als Privatmann gönnte. Auf der Pirsch fehlte nie der lange Jagd- und Bergstock.

Rechte Seite

Auch Monarchen müssen die Schulbank drücken. Schottengymnasium: Der nachmalige Karl I., Kaiser von Österreich, als Schüler zusammen mit seinen Mitschülern auf Schulbänken im Klassenzimmer sitzend, um 1900.

Seite 56

„k. k. Österreichische Armee“: Abbildung eines Regiments-Tambours.

Rechte Seite

Ein Infanterist in Uniform.

RUM
200.000

Seite 59

Weihnachten 1901 im k. k. Blindenerziehungsinstitut in der Wittelsbachstraße 5, Leopoldstadt: Die blinden Kinder, um den Christbaum geschart, vor der Bescherung.

Riemergasse 7 im 1. Bezirk: k. k. Tax- und Stempelamt, 1902.

Rechte Seite
Das k. k. Bezirksgericht Josefstadt in Civilsachen in der Laudongasse 16, 1901.

Seite 60

Hadersdorf-Weidlingau: Enthüllungsfeier des Denkmals von Emanuel Pendl für Elisabeth im Vorgarten der Kaiser-Franz-Joseph-Jubiläumsschule) 1902: Die Festteilnehmer vor dem Denkmal stehend.

Rechte Seite

Kaiser Franz Joseph I. reitet mit dem Kronprinzen von Siam, Maha Wajirawudh, und Prinz Leopold von Bayern zur Frühjahrsparade auf die Schmelz, 1902.

Seite 62

Festgäste bei der Pferdeausstellung der k. k. Landwirtschaftsgesellschaft (6. Sektion) im Prater, 1902.

Seite 64

Elisabeth auf dem Zirkuspferd „Avolo", fotografiert nach einem Gemälde von Wilhelm Richter, 1876. Sisi war eine begeisterte und hochbegabte Reiterin: Furchtlos jagte sie über Stock und Stein. Sie nahm Unterricht bei den Besten ihrer Zeit, den Kunstreiterinnen Elise Petzold und Emilie Loiset. Als Sisi zu Ohren kam, dass die gefährlichsten und schwierigsten Reitjagden in Irland stattfinden, reiste sie dorthin und nahm dort an vielen Ritten teil – selbstverständlich im Damensattel.

Rechte Seite

Das k.k. Bettenmagazin in der Josefstädter Straße 73: Nach Abbruch Eröffnung des südlichen Teils der Albertgasse Richtung Lerchenfelder Straße, 1904.

Wien 13, Gloriettegasse 9 – die Schrattvilla; Aufnahme über Eck zur Wattmanngasse.

K.K. TELEGRAPHEN-ANSTALT

Seite 67

Dreihufeisengasse 7 (das ist Lehárgasse 7) in Mariahilf: k. k. Telegraphenzentrale I.

Börseplatz 1: Fernmeldetechnisches Zentralamt (noch als k. k. Telegraphenanstalt).

Rechte Seite

Das Schlösschen der Kaiserin Elisabeth in Bad Ischl, Oberösterreich. Heute ist es ein Kaffeehaus.

Seite 68

Kinderhuldigung in Schönbrunn im Jahre 1908: Kaiser Franz Joseph vor einer Mädchengruppe.

Rechte Seite

Kinderhuldigung in Schönbrunn: Der Blick auf das Schloss Schönbrunn und die zahlreichen Gäste. Anlässlich des 60-jährigen Regierungsjubiläums seiner Majestät des Kaisers Franz Josephs I. fand in Schönbrunn die Kinderhuldigung der Wiener Schuljugend statt.

Seite 70

Huldigungsfestzug anlässlich des 60-jährigen Regierungsjubiläums von Kaiser Franz Joseph I. in Wien, 1908.

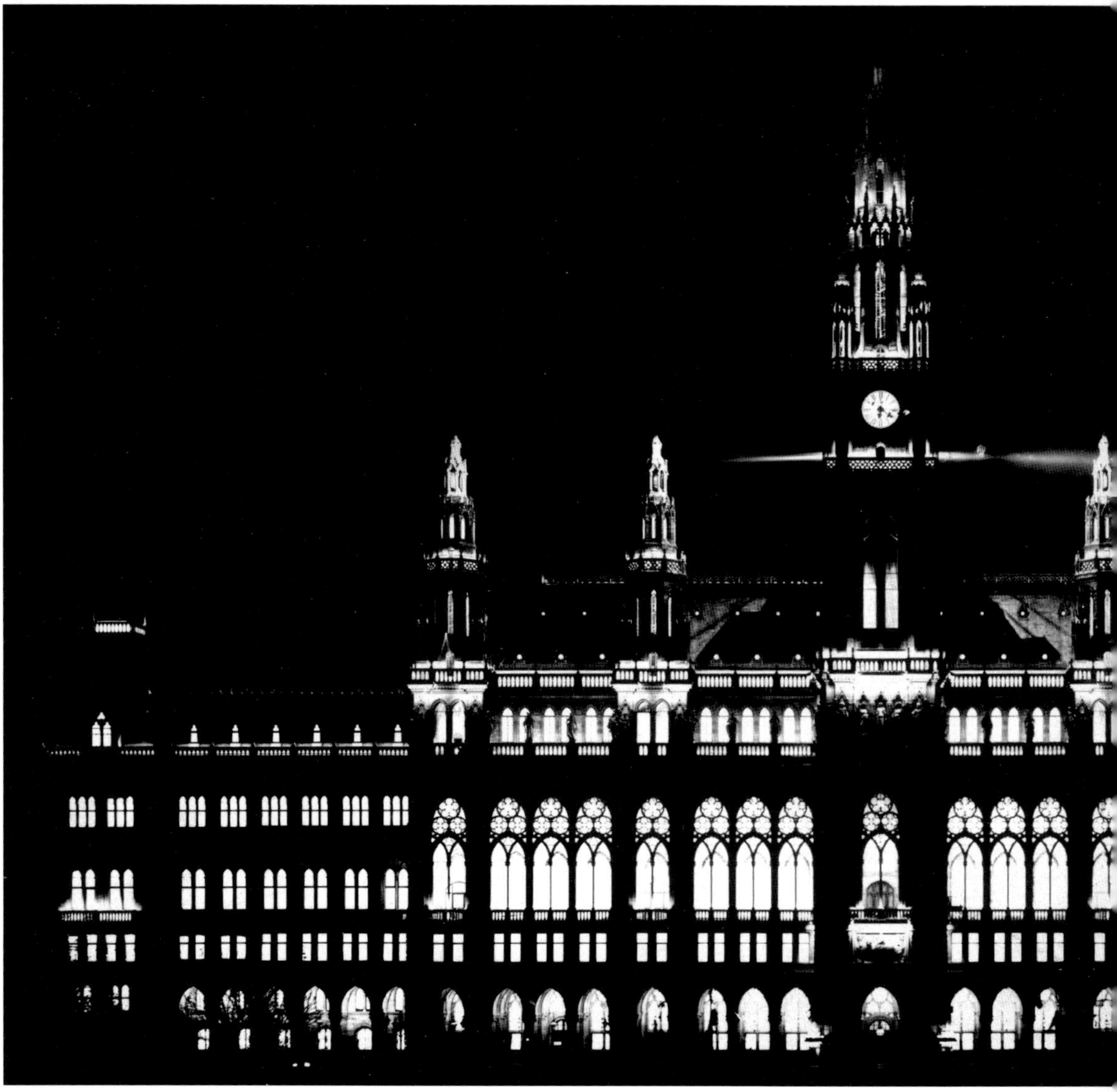

Seite 72

Festbeleuchtung des Rathauses anlässlich des 60-jährigen Regierungsjubiläums Kaiser Franz Josephs I.

Rechte Seite

Erzherzog Karl und Erzherzogin Zita bei einem Spaziergang.

Seite 74

Heiligenstädterstraße 107: Barockes Mansardendachhaus in Döbling mit Vorgarten; Durchblick durch Torbogen: „Bierdepot der k. k. Hofbrauer Nussdorf".

k. k. Sophiengymnasium, Zirkusgasse 48 in der Leopoldstadt.

Rechte Seite

Glückwunschadresse des Zuckerbäckers Julius Hava zum 60-jährigen Regierungsjubiläum von Kaiser Franz Joseph am 2. Dezember 1908; Kassette, darinnen Foto des Geschäftes von Hava in Nikolsburg, mit Rahmen aus Tragant.

Seite 76

Kaiser Franz Joseph und zahlreiche Gäste bei der Enthüllung des Kaiserin-Elisabeth-Denkmals im Volksgarten am 4. April 1907.

Seite 78

Teuerungsdemonstration in Wien: Demonstranten kommen vom Kärntner Ring, Tafeln mit „k. k. Staatsbahner“ und „Lasset Argent. Fleisch nach Oesterreich“ im Vordergrund, 1910.

Rechte Seite

Der Kaiser gemeinsam mit Katharina Schratt und vier Hunden auf einem Spaziergang in Bad Ischl, 1910. Der Kammerdiener Ketterl berichtete: „Frau v. Schratt war nicht die ‚Freundin‘ des Kaisers, sondern sie war des Kaisers Freund, und zwar dessen treuester, bester, klügster und uneigennützigster.“

K.k Lotto Collectur
FÜR WIEN, LINZ,
BRÜNN, PRAG
Privat Klavierschule
SPRECHSTUNDEN
WIEN
LINZ
BRÜNN
PRAG
ZIEHUNG SCHON 27. SEPTEMBER
20.000
KRONEN
EIN LOS 1 KRONE
ZIEHUNG SCHON 27. SEPTEMBER
PROMESSEN
Boden Credit-Lose
MERCUR

Seite 81

Kampagnereiten der Armee auf dem Trabrennplatz. Kaiser Franz Joseph I. verlässt die (neu gestaltete) Hofloge und besteigt den Leibwagen, 1913.

Das Deutsche Haus, Front Stephansplatz: Eck mit k.k. Lotto-Kollektur; rechts davon ein Teil des Churhauses, 1913.

Rechte Seite

Frühjahrs-Blumenaustellung der k.k. Gartenbaugesellschaft in Wien, 1913.

Seite 82

Franz Joseph I. mit Kaiser Wilhelm II., 1914 – auf der Fahrt von der Bahnstation nach Schönbrunn.

Seite 84

Flüchtlingsfürsorge des k.k. Ministeriums des Innern: das Mädchenheim I – Blick ins Speisezimmer.

Rechte Seite

Beim Gottesdienst.

Flüchtlingsfürsorge: der Blick in eine Notunterkunft.

וישלח

Seite 86

Besuch der nachmaligen Kaiserin Zita von Österreich im Reservespital Nummer 11: Zita in Begleitung von Karl Stephan, Erzherzog von Österreich, Oberstabsarzt Hans Spitzy und drei Damen auf dem Dachgarten des Spitals im Gespräch mit Karten spielenden Invaliden, 1915.

Rechte Seite

Kaiser Franz Joseph am Schreibtisch sitzend, 1916.

Inspizierung durch Seine k. k. Hoheit Erzherzog Karl Franz Joseph; möglicherweise Podhajce, Galizien, 1916.

Seite 89

Abschied vom „guten alten Kaiser“:
der Begräbniszug Kaiser Franz Josephs am 30. November 1916.

Beisetzung des Kaisers: Die Sargträger erwarten vor dem Riesentor des Stephansdomes die Ankunft des Konduktes, 1916.

Rechte Seite
Der Begräbniszug biegt in die Ringstraße ein.

Seite 92

Kaiserliche Verwandtschaft:
Huldigung der Jugendsektion: Zita schreitet die Freitreppe herab, 1917.

Rechte Seite
Marie Valerie mit ihren vier Söhnen; die Aufnahme wurde im bekannten Atelier Madame D'Ora gemacht, 1917.

Franz Salvator, Erzherzog von Österreich-Toskana in Uniform mit seiner Gattin Marie Valerie, 1917.

Vorherige Doppelseite
Aufbahrung Kaiser Franz Joseph: Auf dem Schaubett im Sterbezimmer in Schönbrunn.

Seite 95

Huldigung der Jugendsektion der Katholischen Frauenorganisation Niederösterreichs vor Kaiserin Zita von Österreich, Schloß Schönbrunn, 1917.

Huldigung der Jugendsektion: Die Militärmusik.

Rechte Seite
Kaiserin Zita mit ihren Kindern Otto und Robert auf dem Bahnhof in Hütteldorf bei der Verabschiedung Kaiser Karls I. (Frontreise nach Vielgereuth): Kaiser Karl im Abteilfenster.

Österreichische Nationalbibliothek

Bildarchiv

Das Bildarchiv der Österreichischen Nationalbibliothek ist mit mehr als eineinhalb Millionen Objekten die größte Bilddokumentationsstelle Österreichs.
Das Kernstück bilden über eine Million Fotografien, deren Themenspektrum von Porträts über Architekturfotografie, zeithistorische Dokumente, Alltagsbilder bis hin zu künstlerischen Aufnahmen reicht. Die grafische Sammlung umfasst heute mehr als 500.000 Druckgrafiken, Aquarelle und Zeichnungen, die Fideikommissbibliothek, die ehemalige kaiserliche Familienbibliothek, an die 117.000 Bände.

Über 50.000 Bilddokumente aus den wertvollen Beständen des Bildarchivs und der Sammlungen der Österreichischen Nationalbibliothek stehen digitalisiert in der Bilddatenbank des Archivs (www.bildarchivaustria.at) online für Forschung, kommerzielle und persönliche Verwendung zur Verfügung.

Sämtliche Recherchekataloge sind über Internet verfügbar (www.bildarchiv.at). Der digitale Wienkatalog bietet die Möglichkeit der Recherche zu mehr als 100.000 erfassten Fotografien und Grafiken zum Thema Wien. Die Suche kann nach Bezirken, Straßen, Hausnummern, aber auch nach bedeutenden Baulichkeiten und Themen ausgeführt werden. Auf Wunsch können fotografische Abzüge und digitale Kopien zur Verfügung gestellt werden.